● 도움을 주신분/ 김영순, 류명기, 류효향, 류지연, 송유미, 송향선, 송민경, 김두익, 김 향, 정은주, 문대영, 차현지, 김인혜, 김기봉, 김인아, 김수용, 박시내, 이석규, 이진희 ● 표지 및 내지 삽도/ 이중섭

화가를 그리다 / 신옥진

지혜

백옥

박청룡
— 현대문학 추천작가

천 삼백도
신옥진, 칠십인생 가마 속에서 빚어진
백옥의 시편들

— 지혜사랑 165

화가를 그리다 / 신옥진

겸재 정선 I

자연속에
또 다른
자연이 있다.

겸재 정선Ⅱ

자연의 질서를
재편성하다

권옥연

고성과 여인
신비스러움에 의한 비극적 성곽과
너무 아름다워 절망감을
안겨주는 여인상.
그의 고향은 함경도가
아닌 유럽인지-
그의 전생이
유럽인지-

권대섭
— 달항아리

밤하늘에
달 하나.
외로움
달래주려고
땅 속에서
태어난
둥근항아리

권진규 I

어디서 와서
어디로 가는가를
되묻게 하는 형상

권진규 Ⅱ

산 송장의
테라코타.
흙속에
실핏줄과
영혼이
일렁거리다

김 경

한껏 벌린
북어 대가리에 박힌 잇빨
앙상한 황소의 갈빗뼈
뼈힘으로 버텨온
고난의 지난
긴 세월

김원백

예술을 지나치게
어렵게 접한 나머지 방황으로
많은 시간을 허송했다가
뒤늦게 잃어버린
시간을 간신히 도로
찾아서 마침내 자신만의
힘든 예술 세계를 구축한
화가

김원숙

실제로
날아 다니면서
새를 그리는 화가

김종식

안경을 쓰면 곧바로
네 개의 눈이
되어 버리는 화가

김종학 I

설악산
골짜기에
내린
이슬들을
온몸에
붙이고
다니는 화가

김종학 Ⅱ

그의 그림이
걸린 공간엔
새소리
시냇물소리
흐드러진
들꽃들의 향기가 범벅된
설악산이 한순간 거기에
다가와 있다

김창렬 I

속삭이는
물방울

김창렬 Ⅱ

땀인가
이슬인가
일렁이는
영혼

김춘자

식물에 의해서
땅이 자라다

김한나

화폭에서
나온
토끼가
작가를
홀리다.

김환기 I

서러운 아름다움

김환기 Ⅱ

더 이상
올라 갈 수 없고
더 이하
내려 갈 수 없는
불가항력의
경지

김환기 Ⅲ

작품 수가 가장
많으면서도 작품이
가장 귀한 작가는,
이 세상에서
피카소와 김환기
둘뿐이다.

김해진

그늘진 낭만

나라 요시모토 I

심각한? 낙서
철학적? 낙서

나라 요시모토 II

만화같은 그림도
예술인가?에
덜미잡혀
결국 예술의
종착역에 이르러게
만드는 마력

나혜석

선구자.
고독.
파란만장.
애틋함.

단원 김홍도

전설 때문에
쉽사리 끌리는
그림
전설 없이도
가슴이 설레이는
화가

대원군 이하응

도상봉

잔잔한
신비감

민화

옛날엔
서민들이
즐겼으나
현대엔
낙관과 경력없이
화면위의 그림만으로
평가되는,
프로들이
즐기는 그림.

박고석

바위가
그린
그림

박생광

매운 연기와 주술로
범벅이 된
화선지 위를
무당과 귀신,
한 쌓인 사람들이
걷지도 않고
한 패 지나가고 있다.

빈센트 반고흐

송곳수염 얼굴에
낭자하게 꽂고
황혼의 보리밭길
걸어가는
고흐의 어깨너머
활화산 연기 뿜는
하늘위의 까마귀떼들이
절뚝거리며
날아 오르고 있다

박서보

인내, 지혜, 저력
무한반복의 땀이 배인
백의의 화면

박영숙

— 달항아리

떨어진
별들이
모여서
이루어 낸
맑은
형태

박수근 I

쑥,
짚풀
빗방울 듬성듬성 섞인 황토바람

박수근 Ⅱ

진실이라는 색채가
존재한다면
어떤 색깔일까
거듭 쌓인 색채 밑에
이른 봄 풋풋한 생명의 향기가
얼비친다

백남준 I

'예술은 사기다'
라고 말했지만
아무나 흉내낼 수
없는 사기

백남준 Ⅱ

과학자인가
음악가인가
화가인가
철학자인가
그 모든
것이었던
예술가
옥토끼 방아찧던
달속은 어울리지
않는다
유인 우주선이
떠다니는 우주속에서
별차 타고
이 별 저 별
별나라를
헤매이고 있네

백남준 Ⅲ

세상의
모든
네온싸인과
TV속에는
백남준이
잠깐
머물다 간뒤
의자에 남아있는
온기 같은 것이
일렁인다

방정아

사물과
감각사이에
그 무엇이
포착되다

베르나르 브네 I

쇳덩어리로 낙서하는 예술가

베르나르 브네 Ⅱ

둘둘 말린
쇠줄을
풀다가
예술가가 돼
버린 조각가

프란시스 베이컨

문드러져
흘러내린
살점들

바닥에서
고개 들고
목청껏
합창하다

파블로 피카소

— 우는 여인

코가 턱 밑에 숨고
입술이 눈 옆에 걸쳐있는
얼굴 같지 않은 얼굴
우는 여인의 눈물이
머리카락 속에서
흘러나와 가슴으로 떨어진다
눈물은 바다가 되고
그 바다 위를 여인이 울면서 걷는다
아니, 뒤집혀진 바다 밑을
매달려서 흐느끼며 걷고 있다.

빌 비올라

급박함 보다
더 급박한
느린 화면

서상환

구도자를
그리다가
구도의
늪에 빠지다

서세옥 I

화선지 위 백자사발에 찬물 한사발

서세옥 II

재치가 도禪의
세계와 동거하다

서성찬

뭔가를 외치지는
않아도
은연중에 다가오는
아우라

성백주

화려한 온갖 장미 꽃송이 모두
사라진 뒤 화면엔 맑은 기운 약간 서성이고 있고

소정, 변관식

시커먼 선으로
그린 정자와 소나무
그리고 황톳길.
그 속을 휘젓고
다니는 황포노인들의
재잘거리는 노오란 웃음소리.

송혜수

긴 머리 파도되어
광복동 대로에
출렁이다

설종보

"구름에 달 가듯이"를
실천하는 화가

신홍직

건강미 화풍

안창홍

뒤틀린
삶에의
향수

애니쉬 카푸어

초현대적
차가운 재료로
인도같은
푸근함을
작품속에
스며 넣은
차겁고도
따뜻한 작가

이중섭 I

그가 걸어다닌
골목길 발자국 마저
예술이 됐다.

이중섭 Ⅱ

황소를 그린 이는
어디 갔을까
황소의 눈망울 속에서
이중섭이
웃고있다

이중섭 Ⅲ

들녘의 황소가 이중섭 소가 아니듯
이중섭 소는 시골 소가 아니다.
이중섭 소는 그림 속에 있다.
아니 그림 밖에 있다.
평생 기러기아빠였던 이중섭.
쇠불알 흔들며 뒤돌아보는
슬픈 눈동자의 황소
외로운 손 심연에 묻은 채
성큼성큼 별빛 눈 굴리며 걸어간다

이중섭Ⅳ

누런 황소,
붉은 황소,
풀빛 초록 황소,
바다색 푸른 황소,
흰 황소 한마리가 구름 속을
붉은 혀 내밀고 질주하고 있다.

이중섭 V

지구종말의 날
이중섭 그림속 "달과 까마귀"의
전선줄 위 검은새들은 후딱 어디론가
날아가 버렸다
먹구름 짙은 하늘엔
달빛에 물든 노오란 까마귀떼들의
눈들만 반딧불처럼
배회하고 있었다.

앤디 워홀

예술의 대중화를
외쳤지만 자신의
그림값이 천정부지로
뛰는 바람에
대중화에 실패한
화가

양달석 I

목동과
황소가
같은 웃음으로
웃는다

양달석 Ⅱ

꿈속에서 헤맨
무릉도원.
소와 목동
꽃 향기가 바람에
실려와 가난한 살림살이 속에서
현란하게
흩날린다

양달석 Ⅲ

양달석
그림을
보고 있노라면
'고향의 봄' 노래가
귀에 저절로
들린다

오지호

드럼치듯
유화 붓을
캔버스 천에
두드려도
예술이 되는
화가

오윤 I

본질의 미

오윤 Ⅱ

보는
작품마다
마지막
작품 같다

오윤 Ⅲ

평범한 소재
평범한 칼질
비범한 소재
비범한 칼질

오윤 Ⅳ

아버지는
소설가
아들은
화가.
아버지
넘는 예술가는
없다는게 상설인데
분야가
달라선가
넘어서고 말았다.

오윤 V

가장
간단한
기법으로
가장
간단하지
않은
화면을
구현

윤중식

가끔식
황혼녘이
불타오르는 것은
평생 '황혼풍경'만을
그려온
한 화가의
불장난 탓이다

유병엽

무기교 속의 기교
누에 똥처럼
기어나온 물감이
화폭을 얽어 맨다

유영국

감히 대적할 수
없는 색계

윤형근

무뚝뚝함의
순발력

이강소

회색빛 물위의 오리떼들
눈 한번 깜빡이고
다시 뜨면 은빛물결만
화면 가득 넘치고 있네

이우환 I

핵
점

이우환 Ⅱ

가장 간단한 형태
가장 복잡한 예술

이우환 Ⅲ

얼른 보면
세탁소 아저씨같고
다시 보면
세계 최고의 지성인
작업할 때 보면
캔버스 위로
유체이탈하는 사람

이우환Ⅳ

있는 그대로의
철판과 돌을
그가 착지시키는
순간, 마술처럼
예술작품으로 환생된다

이우환 V

화가 '이우환'은
흰 화폭에 점 하나
찍어놓고 예술이라고 한다.
그보다 더 어처구니없는 것은
온 세상이 그 점을 대단한
'점'이라고 인식하고 있다는 사실이다.
설상가상, 화우 김종학은
그 점 하나가 "사람 신경 쓰이게"
한다고 너스레를
떨고 있다.

아메데오 모딜리아니

에곤 쉴레와
사촌 같다는
생각을
떨칠 수가 없다.

우메하라 류사부로

그가
그려서 재탄생한
꽃의 이름을
사람들은
'장미' 라고
불렀다

작자미상

명필의 이름이 훼손된 건지,
원래 이름없는 화가가
더 높은 경지인지

장욱진 I

어른을
거부하던
어린애가
나이 많은
어린애로
변신하고 말았다

장욱진 Ⅱ

지우고 지운 끝에
몇 가닥 살아남은 선
아기와 강아지
새 그리고 푸른 나무들
초가집 속엔
산바람도 살아있네
"비교하지 말라"꾸짖던
더벅머리 위엔
까치 한마리 앉아있고

전혁림 I

'통영항'은
전혁림 그림 속의
통영항이 더욱
'통영항'답다

전혁림 II

자기가
자기에게 배웠다
미래의 불확실성에
주눅들지 않고
'올드맨은 하루에
한 가지 일밖에 못해요'
세상을 뜨기
가까운 어느날
내게 던진 한 마디.

전혁림 Ⅲ

청회색 속에
배인
통영항의
비린내

전혜원

회색
휴머니즘

정상화

연금술

제여란

정제된 혼란

제스퍼 존스

성조기를
훼손하고도
붙들려 가지
않음으로써
미국이 얼마나
자유롭고 민주주의
나라인가를
환기시켜 준 화가

청전 이상범

안개 속에 퍼 올린
차가운 물
등에 지고 흰눈 내리는
오르막길 올라가는
흰옷 여인

천경자 I

한 평생
심금을
울리는
유행가 가락의
마력같은

천경자 Ⅱ

이름의
성씨가
천씨가
아니었으면
큰 예술가가
못됐을 듯한
화가

최 북

붓이 지나간 뒤에 남은, 비범한 흔적

최종태

돌과 나무와
쇠를
기도하게
만드는 조각가

추사 김정희 I

아무나 볼 수는 있지만
아무나 흉내낼 수 없는 경지

추사 김정희Ⅱ

한문의 뜻을 몰라도
고리타분하게
보이지 않는 조형성

쿠사마 야요이

호박으로도
성공할 수
있음을
입증한
예술가

크리스토 자바체프

김정호가
미국에
다시 태어나
대지 예술가가 되다.

* 김정호_대동여지도

황염수 I

늘 같은
장미
늘 다른
장미

황염수 Ⅱ

물 뿌리지
않아도
살아 숨쉬는,
잊혀진
첫사랑
애인 같은
붉은 장미

허 황

흰 캔버스에
흰 베개 하나
허황한 시각
예술적 허황

황용엽

바람에 실려 날아온 헝겊들이
전봇대에 걸려서 나부끼고 있다.
생각하는 전봇대

해설

또다른 자연 - 시인의 자화상

반경환 애지 주간 · 철학예술가

신옥진 시인은 1947년 부산에서 태어났고, 《서울신문》 기자를 지낸 바가 있다. 《서울신문》 기자로 재직할 때 폐결핵이 재발하여 사직을 하고 1975년 부산공간화랑을 설립했다. 신옥진 시인은 전직 기자이며, 서상환 선생에게 유화를 배운 화가이다. 그는 부산공간화랑의 화상이며, 2009년 『심상』으로 등단한 시인이다. 신옥진 시인은 1987년 한국화랑협회 초대미술품감정위원장을 지낸 감정위원이고, 서울대학교, 구상문학관, 부산시립미술관, 경남도립미술관 등에 800여 점의 미술작품을 기증한 선행자라고 할 수가 있다.

> 서울대학교 미술관은 부산공간화랑 신옥진 대표가 기증한 미술작품 64점을 소개하는 '신옥진 컬렉션'전을 개최한다고 11일 밝혔다. 이번에 기증된 작품들은 근현대 미술사를 아우르는 국내외 작가 48명의 작품들이다.
>
> — 연합뉴스, 2015년 8월 11일

> 신옥진 부산공간화랑 대표가 11일 소장하던 고 중광스님의 작품을 경북 칠곡군 구상문학관에 기증했다

— 연합뉴스, 2015년 12월 11일

2002년 2월부터 아무런 조건없이 미술작품을 기증해온 부산공간화랑 대표 신옥진 씨가 명예경남도민이 됐다.

— 뉴시스, 2011년 1월 3일

신옥진 시인은 지난 40여 년 동안 수집한 수십 억원이 넘는 미술품들을 호기롭게 기증해놓고도, “몇 날 며칠을 끙끙거리며, 내가 왜 그랬을까 하고 불면의 나날을 보냈다”(이상헌, 부산일보 문화부장)고 한다. 아무튼 신옥진은 화가이고, 화상이며, 시인이다. 그는 『진짜 같은 가짜, 가짜 같은 진짜』를 펴낸 최고의 산문가이며, 통 큰 선행자이고, 밀양명예시민, 경상남도 명예도민, 자랑스러운 화랑인상, 해운대포럼상, 협성문화상, 부산시문화상, 문화훈장 화관장을 수상한 것이 그의 ‘오점없는 명예’를 증명해준다.

신옥진 시인의 『화가를 그리다』는 『빛난 하루』, 『잠깐 비움』, 『점 하나의 예술』에 이은 네 번째 시집이며, 『화가를 그리다』는 그가 지난 40여 년 동안 보고, 듣고, 겪은 화가들의 초상이라고 할 수가 있다. 그의 시는 단 2행이나 3행, 또는 4행이나 5행의 시들이 대부분이며, 그의 기법은 언어의 절제, 즉, 압축과 확대의 그것이라고 할 수 있다. 압축이란 최소한의 언어로 최대한의 의미를 담아내는 것을 말하고, 확대란 그 최소한의 언어가 최대한의 의미로 부풀어 오르는 것을 말한다. 남들이 한 권의 책이나 열 권의 책으로도 말하지 못하는 것을,

바위가
그린
그림

—「박고석」 전문

서성거리는
사색의 깊이
—「박노수」 전문

자연 속에
또다른
자연이 있다
—「겸재 정선」 전문

서러운 아름다움
—「김환기 I」 전문

이라는 시들에서처럼, 단 몇 줄로 표현해낸다는 것, 그것은 그가 수많은 고통 속의 지옥훈련과정을 거쳐왔다는 것을 뜻한다. 「박고석」, 「박노수」, 「겸재 정선」, 「김환기 I」 등은 화가에 대한 인물평과 그 작품에 대한 평이 상호 교차하면서, 그의 압축과 확대, 즉, 언어의 절제의 기법을 가장 잘 드러내 준다고 하지 않을 수가 없다. 신옥진 시인은 "서러운 아름다움"의 세계를 이해하기 위하여, 그 대가들과 끊임없이 대화를 나누며, 그들의 작품 세계에 몰입해왔던 것이며, 그 고통 속의 지옥훈련과정은 "선구자/ 고독/ 파란만장/ 애틋함"의 「나혜석」과 "한껏 벌린/ 북어대가리에 박힌 잇빨/ 앙상한 황소의 갈비뼈/ 뼈힘으로 버텨온/ 고난의 지난/ 긴 세월"의 「김경」과도 같다고 하지 않을 수가 없다. 아름다움은 우연이 아니며, 그것은 오랜 노역의 산물이다. 아름다움의 창시자는 수많은 아름다움들을 발밑으로 깔아뭉개버리면서, 그 아름다움의 시체들을 짓밟고 올라서지 않으면 안 되고, 그 고통의 지옥훈련과정 속에서 수없이 되풀이 죽었다가 되살아나오지 않으면 안 된다. 아름다움의 역사와 전통을 부정한다는 것은 선구자로서의 파란만장한 생애를 뜻하고, 아름다움의 역사를 새롭게 쓴다는 것은 뼈힘으로 버텨온 고난의 세월과 함께, "자연 속에/ 또다른/ 자연"을 창조해 놓는다는 것을 말한다.

잠언箴言이란 무엇이고, 경구警句란 무엇인가? 잠언이란 '침묵은 금이다'라는 말과도 같이 삶의 교훈을 던져주는 말을 뜻하고, 경구란 '너 자신을 알라'라는 말과도 같이 어떤 사상이나 진리를 가장 간결하고 가장 날카롭게 표현해낸 말을 뜻한다. 잠언과 경구에는 수천 년의 역사와 전통이 압축되어 있고, 우리 인간들의 역사와 문화 전체를 설명할 수 있는 지혜가 담겨 있다고 하지 않을 수가 없다. 모든 경전들이 잠언과 경구로 되어 있듯이, 시는 잠언이고 경구이지 않으면 안 된다(반경환, 「오체투지의 시학」). '너 자신을 알라'라고 외쳤던 소크라테스, '나는 생각한다, 고로 존재한다'라고 외쳤던 데카르트, '신은 죽었다'라고 외쳤던 니체, '투쟁은 만물의 아버지이다'라고 외쳤던 헤라클레이토스, '만국의 노동자여 단결하라'라고 외쳤던 마르크스, '세계는 나의 범죄의 표상이다'라고 외쳤던 반경환—. 이 사상가들은 모두가 다같이 잠언과 경구의 대가들이며, 그들은 모두가 다같이 최고의 시인이라고 할 수가 있다. 단 한 줄의 시구, 즉, 그 잠언과 경구에는 그의 인생 전체와 그 업적이 담겨 있는 것이고, 따라서 신옥진 시인의 단시들은 이 잠언과 경구의 경지로까지 올라와 있다고 해도 과언이 아니다. 요컨대 단어 하나, 토씨 하나에도 그의 영혼을 불어넣었던 것이고, 그 결과, 그의 시집 『화가를 그리다』는 모든 대가들이 살아 숨쉬는 예술의 전당이 되고 있는 것이다.

신옥진 시인은 현실주의자이자 상징주의자이다. 그는 또한 상징주의자이자 이상주의라고 할 수가 있다. 언어는 사물을 지시하고, 인간은 그 사물에 의미를 부여한다. 그는 현실주의자로서 박고석의 그림을 바라보며, “바위가/ 그린/ 그림”이라고 명명한다. 박고석은 사물화(바위)되고, 바위는 박고석을 창출해낸 행위자가 된다. 바위가 그린 박고석은 바위처럼 장중하며, 그 어떠한 고난과 역경도 다 헤쳐나갈 용기와 그 실천력이 있다는 것이 된다. “서성거리는/ 사색의 깊이”는 박노수가 되고, 따라서 박노수는 단순한 화가가 아니라 철학자이기도 했던 것이다. 신옥진 시인은 현실주의자로서 박고석과 박노수라는 인간과 그들의 작품에 주목하지만, 그러나 그들의 작품 세계는 상징주의자로서 명명을 하게 된다. 현실주의란 실제의 사물과 그 현실을 중요시 하는 것을 말하고, 상징주의란 실제의 사물과 그 현실을 넘어서서 눈에 안 보이는 세계를 창출해내는 것을 말한다. 현실주의자는 박고석을 박고석이라고 말하지만, 상징주의자는 박고석을 바위라고 말한다. 현실주의자는 박노수를 박노수라고 말하지만, 상징주의자는 “서성거리는/ 사색의 깊이”, 즉 철학자라고 말한다. 현실을 중요시 하지 않으면 삶의 내용이 없게 되고, 현실만을 중요시 하면 오늘에 살고 오늘에 만족하는 동물이 되게 된다.

신옥진 시인의 현실주의자로서의 진면목은

그의 그림이
걸린 공간엔
온통 새소리
시냇물소리

셀 수 없는 온갖
들꽃들의 향내가 범벅된
설악산이 거기에
다가와 있다

라는 「김종학 Ⅱ」에 나타나고, 상징주의자로서의 그의 진면목은

들녘의 황소가 이중섭 소가 아니 듯
이중섭 소는 시골 소가 아니다.
이중섭 소는 그림 속에 있다.
아니 그림 밖에 있다.
평생 기러기아빠였던 이중섭,
쇠불알 흔들며 뒤돌아보는

슬픈 눈동자의 황소
외로운 손 심연에 묻은 채
성큼성큼 별빛 눈 굴리며 걸어간다

라는 「소 —이중섭」에 가장 잘 나타난다.

어느 두 사람의 현실주의(사실주의) 화가가 내기를 했다. 한 사람은 캔버스에 나무를 그렸고, 한 사람은 캔버스에 베일(장막)을 그렸다. 첫 번째 화가가 그의 캔버스의 베일을 벗기자 새가 날아와 앉으려고 하다가 그 캔버스에 부딪쳐 죽고 말았다. 그러자 그의 얼굴에 득의의 미소를 띠며, "자, 이제는 그대의 베일을 벗겨 보시지요"라고 말했다고 한다. 하지만, 그러나 그 친구의 그림은 베일 그 자체였던 것이고, 따라서 그 베일을 그린 친구가 너무나도 완벽한 '한판

승'을 거두게 되었던 것이다. 현실을 직시하고 그 현실을 정확하게 반영하면, 그 그림 속에는 "온통 새소리/ 시냇물 소리/ 셀 수 없는 온갖/ 들꽃들의 향내가 범벅된/ 설악산"을 모사할 수가 있지만, 그러나 그 현실주의는 곧바로 김종학이 그 의미를 부여한 설악산이 된다. 아리스토텔레스는 '인간은 모방하는 동물이다'라고 말한 바가 있고, 오스카 와일드는 '자연은 모방하기를 좋아한다'라고 말한 바가 있다. 아리스토텔레스는 현실주의의 선구자이며, 오스카 와일드는 상징주의자, 즉, 헤겔학파의 후예라고 할 수가 있다. 예술은 자연 그대로의 예술일 수도 있지만, 그러나 모든 예술은 인간의 정신(의식)의 산물이라고 할 수가 있다. 어떤 예술가도 사실 그대로 모사하지 않고, 그 사실을 토대로 하여, 그의 정신(의식)을 드러내게 된다. 신옥진 시인이 겸재 정선의 산수화를 보고, "자연 속에/ 또다른/ 자연이 있다"라고 말한 것이나 이중섭의 소 그림을 보고, "들녘의 황소가 이중섭 소가 아니 듯/ 이중섭 소는 시골 소가 아니다/ 이중섭 소는 그림 속에 있다/ 아니 그림 밖에 있다"라고 말한 까닭이 바로 여기에 있는 것이다.

이중섭의 소는 들녘의 황소도 아니고, 시골의 황소도 아니다. 이중섭의 소는 그림 속의 소이기는 하지만, 그러나 그 소는 그림 밖의 소이기도 하다. 소는 이중섭이 되고, 이중섭은 소가 된다. "평생 기러기아빠였던 이중섭/ 쇠불알 흔들며 뒤돌아보는/ 슬픈 눈동자의 황소/ 외로운 손 심연에 묻은 채/ 성큼성큼 별빛 눈 굴리며 걸어간다." 소는 영낙없는 이중섭의 자화상인 동시에, 이 소가 우리 한국인들이 사랑하는 대표적 동물임을 상기할 때, 그 소는 우리 한국인들의 상징이기도 한 것이다. 덩치도 크고 뿔도 있지만, 그러나 그 공격성을 잃어버리고 묵묵히 일만 하는 소, 그토록

어렵고 힘든 고통을 낙으로 알고 그 고통이라는 무거운 짐을 지고 묵묵히 일만 하는 소—, 이 황소가 일제 강점기와 한국전쟁을 거친 우리 한국인들의 운명을 대변하고 있다고 해도 과언이 아니다.

시는 사상의 꽃이고, 사상은 시의 씨앗이다. 우리는 신옥진 시인이 언어로 그린 「박고석」, 「박노수」, 「겸재 정선」, 「김종학」, 「박수근」, 「백남준」, 「앤디 워홀」, 「변관식」, 「장욱진」, 「나혜석」, 「양달석」, 「유영국」, 「이우환」, 「전혁림」, 「쿠사마 야요이」, 「베르나르 브네」 등이 신옥진 시인이 창출해낸 상징이란 사실을 잊어서는 안 된다. 상징은 빛이며 미래의 희망이고, 상징은 신비이며, 신비의 해독이다. 작은 상징, 큰 상징, 서러운 상징, 고통의 상징, 행복의 상징, 불행의 상징, 아름다운 상징, 더러운 상징 등—, 우리는 상징 속에서 살고 상징 속에서 죽어간다. 현실주의자는 현실주의자가 되기 위하여 상징주의자가 되지 않으면 안 되고, 상징주의자는 상징주의자가 되기 위하여 현실주의자가 되지 않으면 안 된다. 현실주의와 상징주의, 이 두 방향의 마주침, 즉, 그 상호간의 긴장과 대립 속에서, "자연 속에/ 또 다른/ 자연"이 탄생하게 된다.

하지만, 그러나 모든 시인은 그가 현실주의자이든, 상징주의자이든, 초현실주의자이든, 그 무슨 주의자이든지간에, 우리 모두가 다같이 잘 살고 행복한 세계를 창출해내려는 이상주의자라고 할 수가 있다. 아무도 가보지 않은 곳, 그 전인미답의 세계 속에서 자기 자신이 아버지가 되고 모든 인류의 조상이 되고 싶은 것—, 요컨대 그가 시인이라면, 아니 그가 화가라면, 아니 그가 철학자라면 이처럼 아름답고 달콤한 '이상이라는 꿀맛'에 중독되지 않을 수가 없을 것이다. 시인은 미치광이이며, 이상중독자이고, 끝끝내 그 불빛 속에 현혹되어 그 불빛 속에서 죽어가는 불나방과도 같다. 새로운 세계를 꿈꾸는 자, 마약이나 알콜보다도 백배쯤은 더 달콤한 이상을 맛본 자, 이상이라는 환상에 현혹되어 눈 뜨고 앞 못보는 봉사가 된 자는 인간의 영역에서는 그 비참한 운명을 벗어 날 수가 없지만, 그러나 신의 영역에서는 영원불멸의 삶을 살게 된다.

'예술은 사기다'
라고 말했지만
아무나 흉내낼 수
없는 사기
—「백남준 I」 전문

과학자인가
음악가인가
화가인가
철학자인가
그 모든
것이었던
예술가
옥토끼 방아찧던
달속은 어울리지
않는다
유인 우주선이
떠다니는 우주속에서
별차를 타고
이 별 저 별
별나라를

헤매이고 있네

—「백남준 Ⅱ」 전문

백남준은 1932년 서울에서 태어났고, 2006년 미국 플로리다에서 사망했다. 백남준은 20세기 '비디오 아트'를 창출해낸 최고의 전위주의 작가였으며, 수많은 비평가들로부터 조각가, 행위예술가, 비디오 아트의 창시자라고 불려지게 되었다. 그는 미국의 전위작곡가인 존 케이지와의 만남을 통하여 그의 창조적인 작곡과 비정통적인 사고방식을 배웠으며, 그 결과, "콜라주 기법이 유화물감을 대신했듯이 브라운관이 캔버스를 대신하게 될 것이다"라고 선언하게 되었다. 대표작품으로는「달은 가장 낡은 것이다」,「도큐멘타 6」,「굿모닝 미스터 오웰」,「바이바이 키플링Bye Bye Kipling」,「다다익선多多益善」,「비디오 때 비디오 땅」 등이 있으며, 1993년 베네치아 비엔날레 대상인 황금사자상, 1995년 후쿠오카 아시아문화상, 1996년 호암상, 1997년 비독일인 예술가에게 주어지는 괴테메달상, 1999년 미국 마이애미 예술가상, 2000년 대한민국 금관문화훈장을 받는 등, 20세기 최고의 실험작가 중의 한 사람이었다.

백남준은 과학자이자 음악가였다. 그는 화가이자 철학자였고, 그리고 그 모든 것을 종합할 수 있는 예술가 중의 예술가였다. 신옥진 시인은 이러한 백남준의 예술 세계를 "옥토끼 방아찧던/ 달속"이 아니라, "유인 우주선이/ 떠다니는 우주 속에서/ 별차를 타고/ 이 별 저 별/ 별나라를" 유영하는 우주인으로 명명을 하게 된다. 그 어느 누구도 하지 못한 것, 그 어느 누구도 가 보지 않은 곳, 그 인적미답의 세계 속에다가 자기 자신의 집을 짓고, 빛보다 더 빠른 속도로 우주인이 되어갔던 백남준은 가히 20세기의 최고의 이상주의자였는지도 모른다. 그 백남준이 “예술은 사기다/ 라고 말했지만” 그러나 그 사기는 “아무나 흉내낼 수/ 없는 사기”라는 것이 신옥진 시인의 제일급의 감정평가이기도 했던 것이다. 별차를 타고 이 별, 저 별로 시간여행을 다니며 기껏해야 다 찌그러진 고물들을 통해서 ‘비디오 아트’라고 명명했던 백남준, 그 지적 사기를 통하여 돈과 명예와 권력을 다 얻었던 백남준, 그러나 그가 그 지적 사기를 통하여 이 별과 저 별로의 시간여행을 보여주지 않았다면, 우리는 이 지옥같은 현실을 어떻게 벗어나고, 그 머나먼 우주의 세계를 어떻게 알 수가 있었단 말인가?

지혜를 가진 자는 전체 인류의 구원자인데, 왜냐하면 그는 그의 지혜를 다 주고 가기 때문이다. 공수래공수거空手來空手去, 즉, 빈손으로 왔다가 빈손으로 가는 것이다. 시를 쓰지 않는다는 것, 그림을 그리지 않는다는 것, 작곡을 하지 않는다는 것, 책을 출간하지 않는다는 것은 지식인으로서의 가장 파렴치한 만행이며, 그 지식과 그 경험들을 다 싸들고 가겠다는 속물주의자의 화신이라고 하지 않을 수가 없는 것이다. 부자로서 죽는 것이 부끄러운 일이듯이, 지식인으로서의 사랑의 실천은 그의 모든 것—지식, 그림, 음악, 책, 재산—을 다 퍼주고 가지 않으면 안 되는 것이다. 돈도 인류의 공동재산이고, 지식도 인류의 공동재산이며, 명예도 인류의 공동재산이다. 시를 쓴다는 것은 지식의 분배가 되고, 그림을 기증한다는 것은 부의 분배가 된다. 지식의 분배와 부의 분배는 사랑의 실천이 되고, 이 사랑의 실천이 천하의 명시로서 그 시의 향기를 퍼뜨려나가게 된다. 신옥진 시인은 이론과 실천을 다 갖춘 시인이며, 오늘도 그의 소우주인 「화가를 그리다」에서 수천 년의 역사와 그 시공을 초월해서 수많은 시인과 예술가들과 함께 그 이

야기꽃을 피워나간다.

『화가를 그리다』는 신옥진 시인이 언어로 그린 그림이며, 이 자화상이 다종 다양한 모습으로 그 탈을 바꾸며, 천의 얼굴을 가진 자화상으로 울려 퍼지게 된다. 시인으로, 화가로, 화상으로, 신문기자로, 산문가로, 미술감정평가위원으로, 선행사업가로 그 탈들의 모습이 바뀌는가 하면, 다른 한편, 「박고석」, 「박노수」, 「겸재 정선」, 「김종학」, 「박수근」, 「백남준」, 「앤디 워홀」, 「변관식」, 「장욱진」, 「나혜석」, 「양달석」, 「유영국」, 「이우환」, 「전혁림」, 「쿠사마 야요이」, 「베르나르 브네」 등의 대가들로 그 얼굴을 바꾸기도 한다. 일인다역의 원맨쇼이며, 그 자화상들은 사상의 꽃으로 더욱더 아름답게 피어난다.

> 얼른 보면
> 세탁소 아저씨같고
> 다시 보면
> 세계 최고의 지성인
> 작업할 때 보면
> 캔버스 위로
> 유체이탈하는 사람
> —「이우환 Ⅱ」 전문

그의 실력이 그의 지위에 미치지 못하면 그는 사인史人이 되고, 그의 실력이 그의 지위보다 뛰어나면 그는 야인野人이 된다. 언제, 어느 때나 입신출세하는 자는 아첨과 아부를 일 삼게 되고, 언제, 어느 때나 자기 자신을 갈고 닦는 자는 풍찬노숙風餐露宿의 삶을 살게 된다. 하지만, 그러나 진정한 예술가라면 이 세상의 어중이 떠중이들이 가장 싫어하는 곳으로 가지 않으면 안 되고, 그들의 역사와 전통, 혹은 그들의 신앙과 진리들을 신성모독의 사나운 이빨로 물어뜯지 않으면 안 된다. 진정한 예술가는 꾸밈이 없고 가식이 없어야 하며, 그 자유자재로운 모습으로 그의 예술에 혼을 부여하지 않으면 안 된다. 피는 그의 잉크가 되고, 몸은 그의 붓이 되지 않으면 안 된다. 이 붓의 혁명은 자유인의 혁명이고, 모든 위대함의 기원이 된다. 모든 신성모독자만이 자유인이 될 수가 있고, 이 신성모독자만이 동시대를 비판하고, 동시대를 비판함으로서 새로운 이상낙원을 창출해낼 수가 있는 것이다. 신성모독자는 아버지가 되고, 아버지는 전지전능한 신이 된다. 오늘도 그의 이상낙원에서 자유자재롭게 유체이탈하는 신옥진, 그는 현실주의자이자 상징주의자이고, 그리하여 그는 최종적으로는 이상주의자라고 할 수가 있다. 아니, 내가 내 방식대로 말해본다면, 신옥진 시인은 이 세상의 삶을 찬양하고 옹호하는 낙천주의자라고 하지 않을 수가 없다.

더 이상
올라 갈 수 없고
더 이하
내려 갈 수 없는
불가항력의
경지
—「김환기Ⅱ」 전문

수화樹話 김환기金煥基—, 1913년 전남 신안에서 태어났고, 1974년 미국 뉴욕에서 타계한 수화 김환기, 조선, 일본, 프랑스, 한국, 미국 등, 동서양을 넘나들며, 동양의 감성과 서양의 이성을 변증법적으로 종합하여 한국적 특성과 현대적 특성을 절묘하게 창출해낸 수화 김환기—, 이 수화 김환기는 신옥진 시인의 분신이며, 그는 "더 이상/ 올라 갈 수 없고/ 더 이하/ 내려 갈 수 없는/ 불가항력의/ 경지"에 올라섰다고 해도 과언이 아니다. 왜냐하면 그는 그 어떠한 외양과 그 가치평가에도 전혀 신경을 쓰지 않는 자유인이었기 때문이다. 양복을 입어도 김환기이고, 한복을 입어도 김환기이고, 누더기를 걸쳐도 김환기이고, 텁수염을 기르고 봉두난발을 해도 김환기이다. 왜냐하면 마음이 아름답고 정신이 아름다우면 그 진리의 광채가 그의 영혼과 육체를 백만촉광의 빛으로 밝혀주고 있기 때문이다. 자아의 역사가 세계의 역사가 되고, 세계의 역사가 천재의 역사가 된다.

이 세상, 이 우주가 그의 집이 되고, 풍찬노숙의 삶이 그의 침대가 된다. 가난을 양식으로 삼으니 사시사철 풍요롭고, 날이면 날마다 고통으로 숨을 쉬니 그 꽃이 더욱더 아름답다.

오오, 천재의 삶이여!
오오, 천재의 삶이여!

낙천주의자는 죄를 짓고 죄악을 정당화할 수 있는 인간이며, 죄를 짓지 않는다는 것은 그의 존재를 포기하는 것과도 같다고 하지 않을 수가 없다. 낙천주의자에게 있어서 세계는 범죄의 표상이며, 그는 신성모독을 통해서 자기 자신의 존재의 정당성을 확보해 나가지 않으면 안 된다. 모든 낙천주의자는 '나는 신성모독을 범한다, 고로 존재한다'라고 외치지 않으면 안 되고, 또한 '세계는 나의 범죄의 표상이다, 고로 행복하다'라고 외치지 않으면 안 된다. 이것이 낙천주의자의 제일의 법칙이며, 자기 자신의 존재의 정당성을 확보해 나가는 방법인 것이다.

— 반경환, 「영원불멸의 삶에 대하여」(『행복의 깊이 2』)에서

필자를 대신해서 (지향하는 인간형) ●방정아, 입체작품

지혜사랑 165

화가를 그리다
신옥진 시집

발　　행 2017년 1월 1일
2쇄발행 2017년 2월 15일
지 은 이 신옥진
펴 낸 이 반송림
편집 • 디자인 김지호
펴 낸 곳 도서출판 지혜
계간시전문지 애지
기획위원 반경환 이형권 황정산
주　　소 34624 대전광역시 동구 선화로 203-1, 2층 도서출판 지혜 (삼성동)
전　　화 042-625-1140
팩　　스 042-627-1140
전자우편 ejisarang@hanmail.net
애지카페 cafe.daum.net/ejiliterature

ISBN : 979-11-5728-217-3 03810
값 10,000원